Inhalt

Luxusmode - dunkle Wolken am Horizont der Premium-Hersteller

Kernthesen

Beitrag

Fallbeispiele

Zahlen und Fakten

Weiterführende Literatur

Impressum

GENIOS BranchenWissen Nr. 08 vom 06.08.2013

Luxusmode - dunkle Wolken am Horizont der Premium-Hersteller

Markus Hofstetter

Kernthesen

- Der Luxusmarkt für Mode und Accessoires erzielte 2011 in Deutschland eine Gesamtwertschöpfung von 4,4 Milliarden Euro.
- Das Wachstum im weltweiten Luxusmarkt wird von den asiatischen Ländern angetrieben, in Europa dagegen stagniert das Geschäft mit Premium-Gütern.
- Die viele Jahre durch zweistellige Wachstumsraten verwöhnten Hersteller von Luxusmode müssen sich auf magerere Zeiten einstellen.
- Der Internetumsatz mit Premium-

Produkten wächst rasant, so dass immer mehr Luxusmarken eigene Onlineshops eröffnen.

Beitrag

Mode und Accessoires zweitwichtigstes Segment in deutschen Luxusmarkt

In Deutschland laufen die Geschäfte mit Premium-Produkten nach Untersuchungen des Forums Meisterkreis und der Strategieberatung Roland Berger gut. Laut den aktuellsten Zahlen, die Ende 2012 veröffentlicht wurden, lag die gesamte Wertschöpfung der Luxusbranche hierzulande bei rund 49 Milliarden Euro. Davon entfielen rund 20 Milliarden Euro auf den deutschen Markt, der Rest auf den Export. Allein die innerdeutsche Nachfrage soll laut der Studie so groß sein, dass eine Verdopplung bis 2020 möglich ist. Zweitwichtigstes Luxussegment ist Mode und Accessoires, das 2011 eine Wertschöpfung von insgesamt 4,4 Milliarden Euro erzielte. Davon entfielen auf den deutschen Konsumentenmarkt 1,9 Milliarden Euro, auf den Export entsprechend 2,5 Milliarden Euro. In dem

Segment ist ein Trend zu Accessoires festzustellen. Nicht mehr klassische Oberbekleidung macht den Hauptumsatz aus, Treiber sind Produkte, die das Outfit weiter aufwerten. Erstmals bilden Lederwaren und Schuhe mit 27 Prozent der Umsätze den größten Marktanteil in dieser Kategorie. Wichtigstes Segment für Deutschland bleibt Automobil mit einer Wertschöpfung von 27,1 Milliarden Euro. Dabei werden nach den Regeln der Meisterkreis-Initiative erst Ausführungen ab 100 000 Euro Kaufpreis einbezogen. (1), (2), [Abb. 1]

Schwacher Konsum in Europa bremst weltweite Wachstumsrate im Luxusmarkt

Eine leichte Abkühlung für Luxusgüter erwartet Bain&Company. Das Beratungsunternehmen prognostiziert dem weltweiten Luxusmarkt für 2013 ein Wachstum von vier bis fünf Prozent auf 220 bis 222 Milliarden Euro Umsatz. 2012 erhöhte sich der Umsatz noch um zehn Prozent auf 212 Milliarden Euro. 2011 belief sich das Umsatzplus sogar auf elf Prozent. Überdurchschnittlich zulegen sollen die Schmuck- und Uhrenbranche mit plus sieben Prozent sowie das Segment Leder, Schuhe und Accessoires mit ebenfalls plus sieben Prozent. Bei Bekleidung sowie Parfüm und Kosmetik soll sich das Wachstum auf fünf Prozent belaufen.

Angetrieben wird das Wachstum weiter von den asiatischen Märkten. Die stärkste Entwicklung ist 2013 laut Bain&Company für die Region Asien-Pazifik zu erwarten. Um bis zu neun Prozent soll sich das Volumen des Luxusgütermarkts dort vergrößern. Für Amerika wird mit einem Plus von fünf bis sieben Prozent gerechnet, wobei der Anstieg vor allem in Mittel- und Südamerika mit zwölf Prozent stark sein dürfte. Weltweites Schlusslicht ist Europa, wo der Markt für Luxusartikel lediglich um null bis zwei Prozent wachsen soll. Ursachen sind ein Rückgang der Touristenströme und geringeren Ausgaben pro Besucher.

Bis 2015 erwartet Bain&Company ein weltweites Umsatzvolumen für Luxusgüter von bis zu 250 Milliarden Euro. Dabei wird das Geschäft weiterhin stark von der Entwicklung im Raum Asien-Pazifik abhängig sein. (3), (4), [Abb. 2]

Die durchgängig hohen Wachstumsraten der Luxusmode-Anbieter scheinen vorbei zu sein

2012 verzeichneten die großen Luxusmodemarken noch hohe Umsatzzuwächse, wie auch schon in den vorangegangenen Jahren. Insbesondere bei Prada riss die Dynamik nicht ab. Die Italiener stehen im Ranking der am stärksten wachsenden Anbieter an der Spitze. Erneut hat der Retail am stärksten zum Wachstum beigetragen. In den eigenen Läden stiegen die Umsätze in den ersten neun Monaten des Geschäftsjahres 2012 um 43 Prozent auf 1,9 Milliarden Euro. Insgesamt legte der Konzernumsatz um 35 Prozent auf 2,34 Milliarden Euro zu, der Nettogewinn wuchs um 50 Prozent auf 409 Millionen Euro. Auch die britische Marke Mulberry wächst durch Retail. Die Umsätze in den internationalen Stores legten in der ersten Hälfte des Geschäftsjahres 2012/13 um 40 Prozent auf 7,3 Millionen Pfund zu. Insgesamt wuchsen die Erlöse um sechs Prozent auf 76,5 Millionen Pfund.

Doch wenn man die Zahlen für das erste Quartal 2013 betrachtet, scheinen die Zeiten durchgängig hoher, zweistelliger Wachstumsraten im Luxusgenre vorerst vorbei zu sein. Zwar legen die Umsätze einiger Unternehmen wie Brunello Cucinelli mit plus 14,4 Prozent und Hermès mit plus 10,3 Prozent noch immer stark zu. Aber LVMH zum Beispiel konnte das hohe Wachstumstempo nicht beibehalten. Während die Gesamterlöse des Konzerns von Januar bis März um sechs Prozent auf 6,9 Milliarden Euro stiegen, herrschte in der Sparte Mode und Lederwaren mit Marken wie Louis Vuitton, Celiné oder Givenchy mit plus 0,4 Prozent nahezu Stillstand. Auch Konkurrent Kering, ehemals PPR, musste im ersten Quartal einen Gang zurückschalten. Die Luxussparte mit Marken wie Gucci, Brioni oder Yves Saint Laurent hatte im entsprechenden Vorjahreszeitraum noch um 18 Prozent zugelegt, aktuell wurden die Umsätze nur um 4,5 Prozent auf 1,5 Milliarden Euro erhöht.

Erstmals seit langer Zeit sogar ein Minus hinnehmen musste Tods. Die Mailänder Gruppe mit den Marken Tods, Hogan, Fay oder Roger Vivier meldete für ds abgelaufene Geschäftsjahr ein Umsatzminus von 3,7 Prozent auf 254 Millionen Euro. Mit schwächerem Geschäft und einem minus von zehn Prozent im Wholesale rechnet Burberry für das erste Geschäftshalbjahr. Auch Hugo Boss musste im ersten Quartal 2013 einen Umsatzrückgang um zwei Prozent auf 593 Millionen Euro verkraften. Der Gewinn reduzierte sich sogar um 14 Prozent auf 82 Millionen Euro. Ein Großteil des Rückgangs ist nach Unternehmensangaben Folge von veränderten Auslieferungsrhythmen. (3), (6), (7)

Der Erfolg von Online-Pure-Shops treibt die Luxusmode-Hersteller

ins Internet

Das Geschäft mit Luxus im Netz boomt. Denn die Bereitschaft, Luxus online zu kaufen, hat nach einer Umfrage von Journal International in den vergangenen zwei Jahren um 40 Prozent zugenommen. Waren es in der Umfrage von 2011 noch 42 Prozent, die angegeben haben, Premium-Produkte im Netz zu kaufen, sind es nun 85 Prozent. Dementsprechend wächst der Onlineluxusmarkt. Wurde dieser 2011 weltweit noch auf ein Volumen von 6,2 Milliarden Euro geschätzt, sollen es 2014 bereits 14 Milliarden Euro sein. Produkte wie Parfüms, die eher zum erschwinglichen Luxus gehören, führen die Hitliste der online erworbenen Luxusprodukte an. Direkt dahinter folgen Mode, Accessoires und Uhren.

Das Internet dient aber auch als Informationsquelle für Luxus-Shopper. Fast 70 Prozent der von Roland Berger und Meisterkreis befragten Käufer von Luxusgütern informieren sich über das Web. Für 57 Prozent sind die Läden nur noch zweite Wahl. Laut der Studie Digital Luxury 2013 möchte fast jeder Zweite der Befragten, die regelmäßig oder ausschließlich Luxusprodukte konsumieren, auf Markenshops im Netz nicht verzichten, auch wenn diese nicht zwangsläufig zum Kauf führen, sondern oft nur zur Inspiration genutzt werden.

Nutznießer des Trends weg von der Boutique sind vor allem die Online-Pure-Shops wie Net-a-Porter, mytheresa.com oder vente-privee.com. Vente-privee.com vermarktet nicht nur Luxus, sondern auch Kosmetika oder Boote und setzte damit im vergangenen Jahr 1,3 Milliarden Euro um, doppelt so viel wie noch vor vier Jahren. Der Münchner Internetshop mytheresa.com wurde vor sieben Jahren gegründet. Der Umsatz des Portals wuchs im vergangenen Jahr um 75 Prozent auf 44 Millionen Euro. Der in London ansässige Onlineshop Net-a-Porter steigerte den Umsatz selbst in den Krisenjahren 2008 bis 2010 um mehr als das Dreifache auf geschätzte 300 Millionen Euro. Für den Genfer Luxuskonzern Richemont war das Grund genug, das Portal 2010 zu übernehmen. Eine der jüngsten Kreaturen im Internetgeschäft mit Luxus ist Emeza. Die Gründung der Samwer-Brüder Oliver, Marc und Alexander, die schon das Modeportal Zalando aus der Taufe hoben, startete im März 2013 und gilt als perfekte Kopie der Geschäftsidee von Net-a-Porter.

Seit dem Erfolg der Internetluxushändler wissen die Hersteller, dass das Geschäftsmodell funktioniert, und richten zunehmend eigene Portale ein. Fast zwei Drittel der Luxushersteller verkaufen ihre Ware auch über das Netz. Zwar ist der Anteil des Umsatzes, der übers Web geht, mit weniger als fünf Prozent noch vergleichsweise klein. Doch die Luxusmodemacher gehen davon aus, dass sich der Anteil in den kommenden fünf Jahren verdoppeln wird. (8), (9), (10), [Abb. 3]

Fallbeispiele

Bugatti will im Retail expandieren

Die Bugatti Holding will ihr Ladengeschäft ausbauen. Ab 2014 will das Unternehmen in die breite Expansion mit Stores starten. Aktuell betreibt Bugatti, die umsatzstärkste Marke der Gruppe, 22 Läden, sechs davon in Deutschland. Die Entwicklung der Gruppe verlief 2012 stabil. Der Umsatz lag mit 219 Millionen Euro auf dem Niveau von 2011. Im laufenden Jahr sieht das Unternehmen die größten Chancen in Russland, dem Nahen Osten und China. In China sind 2012 sechs Bugatti-Läden eröffnet worden, dieses Jahr sollen weitere folgen. Außerdem wird der Vertrieb der Damenjacken von Bugatti ausgeweitet. Nach Italien, Österreich und Russland sollen sie zum Herbst auch in Deutschland, Belgien und Finnland erhältlich sein. (11)

Gucci will sich nachhaltiges Image geben

Gucci hat eine nachhaltig produzierte Kollektion von Handtaschen lanciert. Die Linie umfasst drei Modelle und ist nach Unternehmensangaben aus verantwortungsvoller Erzeugung entstanden. Das Leder stammt von Rinderzuchtfarmen, die von Rainforest Alliance zertifiziert wurden. Nach Angaben der international tätigen Umweltschutzorganisation ist es die erste derart ausgezeichnete Taschenkollektion.

Das Leder, aus dem die Gucci-Taschen hergestellt wurden, stammt nach Angaben der Rainforest Alliance von Farmen im brasilianischen Amazonasgebiet. Die Taschen, die zwischen 2 300 und 3 000 Dollar kosten, wurden in Zusammenarbeit mit Livia Firth, Gründerin der Initiative Green Carpet Challenge, entwickelt. Mit der Initiative will sie darauf aufmerksam machen, dass auch hochwertige Luxusartikel ökologisch korrekt produziert werden können. Die Taschen werden weltweit in ausgewählten Gucci-Stores erhältlich sein, allerdings nicht in deutschen Läden. Zudem werden sie in den Onlineshops von Gucci in den USA und Europa angeboten. (12)

Zahlen & Fakten

Abbildung 1: Top-10-Segmente der Luxusbranche in Deutschland 2011

	Wertschöpfung gesamt	Konsumentenmarkt Deutschland	Exporte deutscher Unternehmen
Automobil	27,1	5,1	22
Mode und Accessoires	4,4	1,9	2,5
Uhren und Schmuck	3	2,6	0,4
Parfüm und Kosmetik	2,9	2,8	0,1
Kunst	2,1	1,4	0,7
Interior	1,9	1	0,9
Audio und Video	1,6	1,1	0,5
Yacht	1,5	0,1	1,4
Hotellerie	1,2	1,2	
Wein, Champagner, Spirituosen	1,2	1,1	0,1

Quelle: Branchenmonitor 2012 Entnommen aus:

Horizont, 47/2012, S 26, (1)

Abbildung 2: China konsumiert immer mehr Luxusgüter

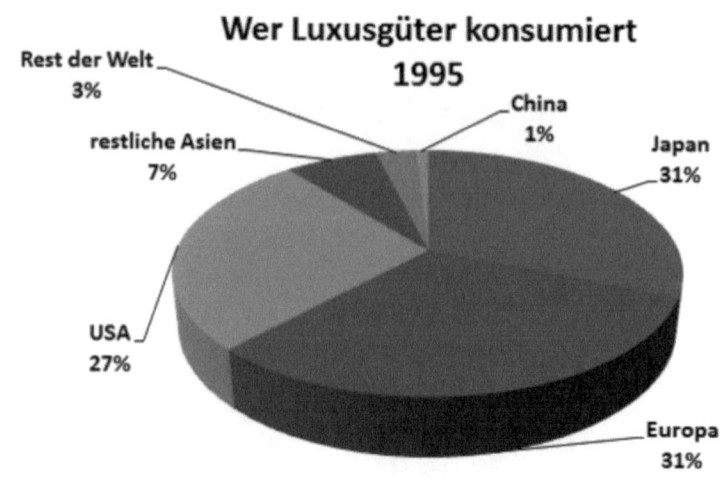

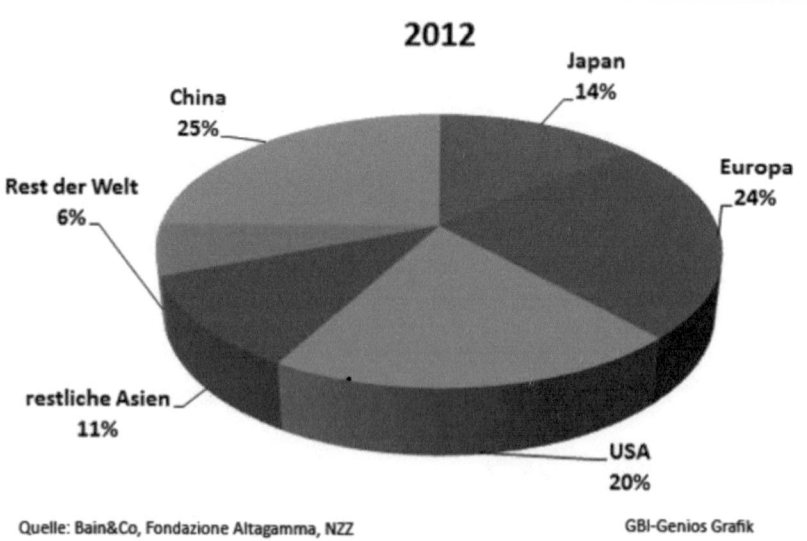

Entnommen aus: DIE WELT, 4/2013, S. 13, (5)

Abbildung 3: Am zweitliebsten Mode und Accessoires

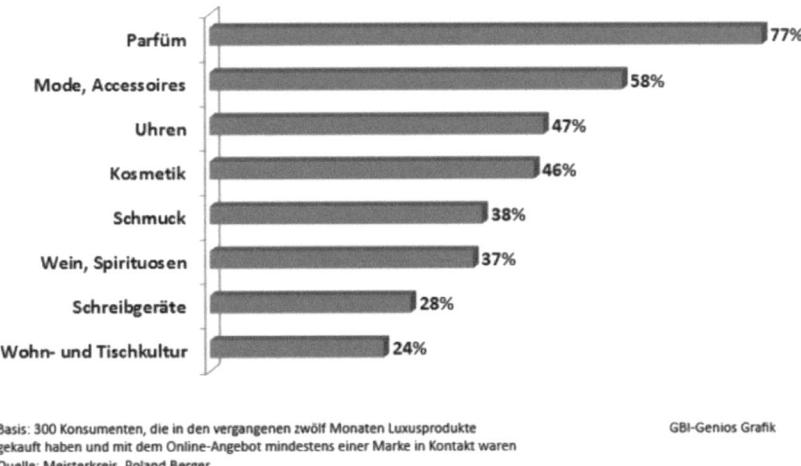

Entnommen aus: WirtschaftsWoche, 16/2013, S. 66, (10)

Weiterführende Literatur

(1) Umsatz
aus Horizont 47 vom 22.11.2012 Seite 026

(2) Lustkauf ist en vogue
aus Horizont 47 vom 22.11.2012 Seite 025

(3) Luxusgüterbranche rechnet mit Abkühlung
aus TextilWirtschaft 21 vom 23.05.2013 Seite 005

(4) Luxusmarkt: Leichte Abkühlung

aus www.textilwirtschaft.de vom 17.05.2013

(5) Pariser Chic für reiche Türken
aus DIE WELT, 05.01.2013, Nr. 4, S. 13

(6) Umsätze der Luxusmarken steigen weiter
aus TextilWirtschaft 50 vom 13.12.2012 Seite 010

(7) Hugo Boss bald erstmals ohne Mehrheitseigner?
aus TextilWirtschaft 19 vom 09.05.2013 Seite 007

(8) Boom-Markt: Luxus per Klick
aus TextilWirtschaft 20 vom 16.05.2013 Seite 032 bis 034

(9) Luxus-Kunden lieben das Internet
aus TextilWirtschaft 25 vom 20.06.2013 Seite 030

(10) Schnöder Klick
aus WirtschaftsWoche NR. 016 vom 15.04.2013 Seite 066

(11) Bugatti bereitet sich auf Retail-Expansion vor
aus TextilWirtschaft 05 vom 31.01.2013 Seite 018

(12) Gucci setzt auf Nachhaltigkeit
aus www.textilwirtschaft.de vom 07.03.2013

Impressum

Luxusmode - dunkle Wolken am Horizont der Premium-Hersteller

Bibliografische Information der deutschen Nationalbibliothek

Die Deutsche Nationalbibliothek verzeichnet diese Publikation in der deutschen Nationalbibliografie; detaillierte bibliografische Daten sind im Internet über http://dnb.d-nb.de abrufbar.

ISBN: 978-3-7379-2928-8

© 2015 GBI-Genios Deutsche Wirtschaftsdatenbank GmbH, Freischützstraße 96, 81927 München, www.genios.de

Alle Rechte vorbehalten. Dieses Werk ist einschließlich aller seiner Teile – z.B. Texte, Tabellen und Grafiken - urheberrechtlich geschützt. Jede Verwertung außerhalb der Grenzen des Urheberrechtsgesetzes bedarf der vorherigen Zustimmung des Verlags. Dies gilt insbesondere auch für auszugsweise Nachdrucke, fotomechanische Vervielfältigungen (Fotokopie/Mikroskopie), Übersetzungen, Auswertungen durch Datenbanken oder ähnliche Einrichtungen und die Einspeicherung und Verarbeitung in elektronischen Systemen.